Académie d'Orléans-Tours

Délégation académique à la formation professionnelle
initiale et continue

Éditions du CRDP

L'HEURE DE VIE DE CLASSE EN LYCÉE PROFESSIONNEL

- II -

Accompagner les élèves dans leur projet, leur insertion professionnelle

une expérience vécue en CAP Agent Polyvalent de Restauration
au lycée J.-F. Paulsen de Châteaudun

dossier réalisé par l'Équipe Rénovation de la Voie Professionnelle
- juin 2003 -

Directeur de la publication	Gérard Duchemin
Responsable éditorial	Daniel Gazeau
Maquettiste	Corinne Rodriguez

ACCOM
DANS LEUR IN

« Mise en place dans une classe de CAP, l'heure de vie de classe se donne comme objectifs de développer une meilleure insertion scolaire, de lutter ainsi contre le « décrochage » et de concourir, pour une part et à sa manière, à la réussite de tous par l'obtention d'une qualification professionnelle reconnue. »

Ces quelques lignes parues dans la préface du tome 1 du document « *L'heure de vie de classe en lycée professionnel* » incitaient les équipes pédagogiques à « *faire de la classe un lieu de vie, condition sine qua non du développement des apprentissages* ».

Si ces orientations premières ont démontré leur efficience dans la lutte contre le décrochage scolaire, notamment au travers d'expériences vécues par des équipes pédagogiques mobilisées et volontaires, si elles concourent également à l'acquisition d'une qualification professionnelle reconnue - mission première du lycée professionnel -, il est apparu tout aussi important d'accompagner et d'aider les élèves de lycée professionnel dans leur projet, dans leur insertion et plus particulièrement dans la préparation à leur entrée dans la vie active.

En effet, comme le rappellait la circulaire sur le lycée des métiers en date du 27/02/2003, « *la voie professionnelle est caractérisée par la préparation de diplômes dont la finalité première est l'insertion professionnelle* ». Pour ce faire, les équipes pédagogiques doivent à la fois assurer un accompagnement et un suivi de l'insertion professionnelle des jeunes qu'elles forment.

Une enquête conduite en octobre 2002 auprès de 1 000 élèves sortant de deuxième année de lycée professionnel (post CAP, BEP, bac Pro...) dans l'académie d'Orléans-Tours montre que, parmi ces jeunes se trouvant dans la situation dite d' « actifs au chômage » :

- 36 % s'inscrivent dans une agence d'intérim,
- 28 % s'inscrivent à l'ANPE,
- 18 % (seulement !...) effectuent leur recherche d'emploi par candidature spontanée.

Ces résultats témoignent de l'importance de la connaissance des structures d'aide à la recherche d'emploi pour les élèves et ce, bien avant leur sortie du lycée professionnel. De même un travail spécifique semble requis avec les élèves pour construire des démarches systématiques et outillées de recherche d'emploi.

Le travail élaboré par l'équipe pédagogique encadrant la 2ème année de CAP Agent Polyvalent de Restauration (APR) est une illustration concrète et opérationnelle des actions à conduire avec les élèves. Dans la logique de la rénovation pédagogique en cours en lycée professionnel, cette mission d'accompagnement et de préparation à l'insertion professionnelle est menée fort judicieusement dans une approche interdisciplinaire.

Accompagnée par l'équipe académique «Rénovation de la Voie Professionnelle», l'équipe pédagogique du CAP APR du lycée Paulsen de Châteaudun nous fait partager une expérience en place maintenant depuis quelques années : la progression, les thématiques choisies et les fiches-activités créées sont avant tout des exemples et, en aucune manière, des modèles. Ils illustrent un travail spécifique sur la préparation à l'insertion professionnelle auprès d'élèves, souvent en grandes difficultés. Ils constituent un partage d'expériences à destination des équipes éducatives et pédagogiques des lycées professionnels, en espérant qu'elles y trouvent du «grain à moudre» pour étoffer cette fonction essentielle de préparation à l'entrée dans la vie active.

Merci à l'équipe pédagogique du CAP Agent Polyvalent de Restauration du lycée J.F. Paulsen de Châteaudun et à l'équipe académique Rénovation de la Voie Professionnelle qui, par ce second volume de l'heure de vie de classe, approfondissent le travail structurant et transférable déjà à l'œuvre en 2001 et donnent ainsi une illustration effective de la dynamique pédagogique de la voie professionnelle.

Jean-Marc Marchal
Délégué Académique à la formation
professionnelle initiale et continue
Académie d'Orléans-Tours

Ce document s'appuie sur le travail mené en 2ème année de CAP Agent Polyvalent de Restauration au LP J.-F. Paulsen de Châteaudun. Il a été réalisé grâce :

- à l'équipe pédagogique :
  - en français avec Mlle QUERNEC
  - en vie sociale et professionnelle avec Mlle DAUDIN
  - en heure de vie de classe avec Mme DOYEN
  - en connaissance des milieux professionnels avec Mme CHAVIGNY

- à Véronique DOYEN, professeur principal de la classe et coordinatrice du projet

- aux élèves de 2ème année de CAP Agent Polyvalent de Restauration

- à l'équipe de direction de l'établissement
  Monsieur MASSINA, proviseur
  Monsieur SAILLANT, proviseur-adjoint

- à l'équipe Rénovation de la Voie Professionnelle
  Claudine MASSON
  Véronique DOYEN
  Véronique THARRAULT
  Sylvain GACHE

- à Monique VOEGELE, formatrice "Techniques de recherche d'emploi MGI/SAIO (Mission générale d'insertion/Service académique de l'information et de l'orientation)", qui a apporté ses précieux conseils en matière de TRE (Techniques de recherche d'emploi).

- à Jean-Marc MARCHAL, DAFPIC de l'académie d'Orléans-Tours qui a souhaité faire connaître cette action innovante.

Équipe RVP
Rectorat : 21, rue Saint-Étienne - 45043 ORLÉANS CEDEX 1
Tél. 02.38.79.39.23 Fax : 02.38.79.39.70 (préciser Équipe RVP)
rvp-daet@ac-orleans-tours.fr

SOMMAIRE

INTRODUCTION

« En LP, on rassemble des élèves en grandes difficultés.

***1er objectif** : **il faut impérativement travailler sur le groupe**, sinon celui-ci fait caisse de résonance aux difficultés personnelles des élèves. Il faut donc **faire de la classe un lieu de vie**. C'est le pré-requis de la vie sociale. Il faut travailler à la guérison des blessures scolaires antérieures. C'est la grandeur des LP de faire ce travail depuis des années, sans qu'il ne soit reconnu.*

***2ème objectif** : ce travail sur le groupe est nécessaire, mais non suffisant. Il faut également **aider la personne adolescente à envisager son projet de vie** (professionnelle, sociale, culturelle, politique...). Chaque adolescent doit inventer le sens de sa vie, et c'est très difficile... La plus profonde angoisse des adolescents, ce n'est pas le chômage mais c'est : à quoi bon vivre ?... »*

Ces paroles de **Gérard Wiel**[1] prononcées lors d'un **séminaire sur l'heure de vie de classe** dans l'académie d'Orléans-Tours ont servi de fil conducteur à l'organisation structurelle des deux tomes du document « L'heure de vie de classe en lycée professionnel ». **Le tome I**, paru en septembre 2001, incite les équipes pédagogiques à « *faire de la classe un lieu de vie* ». **Le tome II** propose des activités pour « *accompagner les élèves dans leur projet, leur insertion professionnelle* ».

Les activités du **tome I** portent sur la communication, la structuration des comportements par des règles et des valeurs, le sentiment d'appartenance au groupe. Pendant ces heures de vie de classe, les élèves de 1ère année CAP apprennent à vivre et à travailler ensemble. Celles du **tome II** articulent les activités des heures de vie de classe autour de l'insertion sociale et professionnelle.

Le climat de confiance et d'écoute réciproque instauré dans la classe dès la 1ère année constitue le socle sur lequel les élèves s'appuient pour affronter sérieusement la préparation de leur insertion professionnelle.

(1) Gérard WIEL, auteur notamment de : *Vivre le lycée professionnel comme un nouveau départ*, Lyon, Chronique Sociale - 1992 — et avec C. Philibert : *Faire de la classe un lieu de vie - Accompagner l'adolescence*, Lyon, Chronique Sociale - 1997.

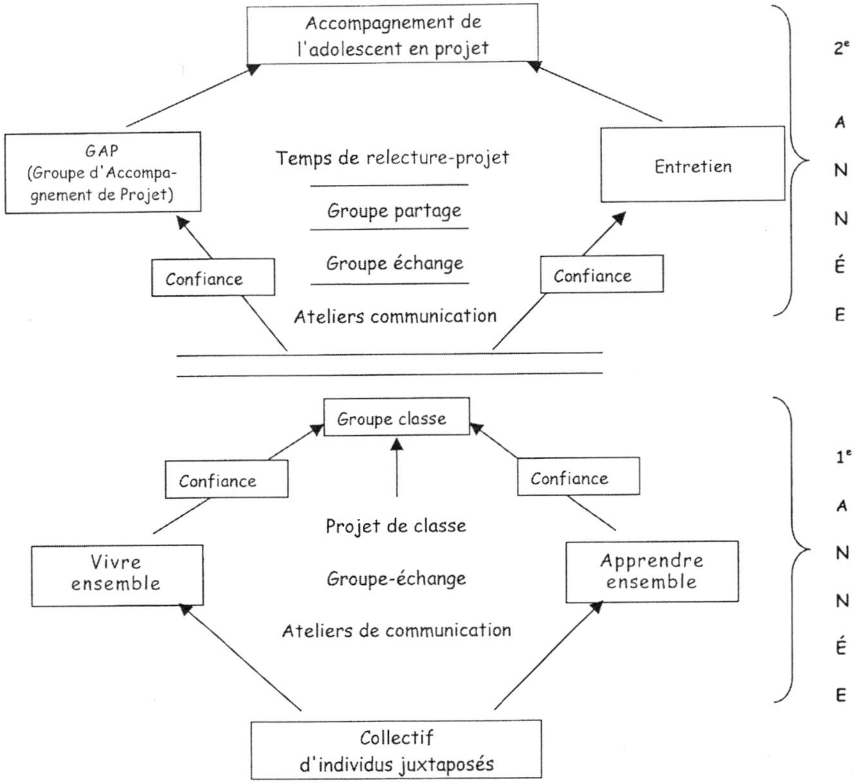

Structuration d'un projet « heure de vie de classe » sur la durée d'un cycle 1ère et 2ème année de CAP Agent Polyvalent de Restauration

L'expérience relatée dans ce document s'est déroulée au lycée professionnel Paulsen de Châteaudun (Eure-et-Loir) au cours de l'année 2001-2002. Cette heure hebdomadaire « Vie de classe », inscrite à l'emploi du temps, est assurée par le professeur principal, parfois en coanimation avec un autre adulte (autres professeurs de l'équipe, aide-éducateur, conseillère d'orientation psychologue, infirmière...). Les élèves accueillis dans cette classe de CAP Agent Polyvalent de Restauration, issus pour la plupart de SEGPA, rencontrent diverses difficultés ; ce projet « heure de vie de classe » constitue une réponse à la fois pédagogique et éducative.

Grâce au **créneau heure de vie de classe**, réservé dans l'emploi du temps des élèves et des adultes impliqués, les professeurs de lettres, vie sociale et professionnelle et d'enseignement professionnel ont réellement construit en commun un projet détaillé d'aide à l'insertion sociale et professionnelle.

Les quatorze activités présentées mettent l'accent sur l'accompagnement des élèves dans leur projet, leur insertion professionnelle. Il reste bien évidemment nécessaire d'aider les élèves à consolider les compétences de repérage dans l'espace, de prise de parole, d'auto-évaluation acquises en 1ère année ; nous renvoyons donc à la lecture du tome I qui aborde ces sujets.

ACTIVITÉ 1 • RECHERCHER LES STRUCTURES D'AIDE À LA RECHERCHE D'EMPLOI

Durée

4 heures.

Objectifs

Se familiariser avec différents outils (annuaire, minitel, Internet).
Rechercher des adresses à l'aide de ces différents supports.

Pré-requis :
- connaître l'alphabet,
- avoir étudié en vie sociale et professionnelle les différentes structures (ANPE[1], PAIO[2], mission locale, agences d'Intérim...).

Déroulement

Travail au centre de documentation et d'information encadré par deux professeurs.
Répartir les élèves en trois groupes :
- le premier groupe effectue des recherches dans l'annuaire,
- le deuxième sur le minitel,
- le troisième sur Internet.

Changer de groupe à chaque séance.
Confronter les recherches.
Établir une liste des structures ainsi que leurs adresses dans les bassins de formation d'où sont issus les élèves.

Bilan

Les élèves ont été très actifs dans cette recherche.

L'utilisation d'Internet a été très riche, beaucoup découvraient l'outil pour la première fois.

1 ANPE : Agence nationale pour l'emploi
2 PAIO : Permanence d'accueil d'information et d'orientation

ACTIVITÉ 2 • LOCALISER CES STRUCTURES SUR UN PLAN

Durée

1 heure.

Objectifs

Savoir se repérer.
Identifier les structures d'aide à la recherche d'emploi sur le plan par une couleur (réaliser une légende).
Localiser les différentes structures sur le plan de son lieu d'habitation.

Pré-requis : exercice réalisé en heure de vie de classe en première année de CAP (cf. tome 1 Activité 2 : Vivre au LP Paulsen, p. 11).

Déroulement

Répartir les élèves en trois groupes, en fonction de leur lieu d'habitation.
Distribuer à chaque élève un plan de la ville et une liste des structures ainsi que leurs adresses.
Les élèves disposent de trente minutes pour rechercher les structures recensées lors des précédentes séances.
Corriger au rétroprojecteur.

Bilan

Les élèves ont plutôt bien réussi ce travail. Ils ont tous été capables de se repérer sur un plan.

Activités complémentaires :

- présenter la chambre des métiers, son rôle ;
- lister les agences d'intérim.

ACTIVITÉ 3 • SE REPÉRER, SE DÉPLACER

Durée

2 heures.

Objectifs

Lire un plan.
Localiser le lycée ou son lieu d'habitation.
Identifier l'itinéraire pour aller d'un lieu à l'autre à pied.

Déroulement

Distribuer à tous les élèves un plan de la commune où se situe le lycée : les structures d'aide à la recherche d'emploi y sont localisées.
Repérer le lycée.
Les élèves doivent dans un premier temps tracer sur le plan le chemin le plus court pour se rendre à pied à l'ANPE d'abord, puis à la PAIO (Permanence d'accueil d'information et d'orientation) ; sortie organisée ultérieurement.
Corriger au rétroprojecteur.
Dans un deuxième temps, les élèves vont réaliser le même exercice, mais entre leur lieu d'habitation et les structures (distribution des plans des villes concernées).

Bilan

Les élèves ne choisissent pas toujours le chemin le plus direct.

ACTIVITÉ 4 • PRÉPARER LA RENCONTRE AVEC LES PROFESSIONNELS DE L'EMPLOI

Durée

2 heures.

Objectifs

Favoriser la communication entre les élèves et le personnel de l'ANPE et de la PAIO.
Obtenir des informations précises.
Construire un questionnaire.

Déroulement

Noter au tableau les questions énoncées par les élèves.
Classer ces questions par thèmes.
Reformuler certaines questions.
Mettre au propre le questionnaire réalisé en utilisant le traitement de texte (document 1, p. 13).

Bilan

Bonne participation des élèves.

De nombreuses interrogations quant aux démarches à effectuer pour trouver un travail.

Document 1 • Questionnaire

Ce questionnaire a été utilisé lors de la visite à la Permanence d'accueil, d'information et d'orientation et à l'Agence nationale pour l'emploi.

1 - Quels services peut-on attendre de vous ?

2 - Qui peut avoir recours à vos services ?

3 - Quelles pièces faut-il vous fournir ?

4 - De quels moyens disposez-vous pour nous aider à trouver un emploi ?

5 - Comment constituez-vous vos fichiers ?

6 - Quels types de métiers proposez-vous ?

7 - Comment classez-vous vos offres d'emploi ?

8 - Comment obtenir les coordonnées de l'entreprise quand on a un numéro d'annonce ?

9 - Quelles démarches doit-on faire pour s'inscrire ?

10 - À qui doit-on s'adresser pour obtenir des informations ?

11 - Proposez-vous des stages ? Sont-ils rémunérés ?

12 - Suivez-vous les jeunes dans leurs démarches ?

13 - Y a-t-il d'autres organismes pour nous aider à rechercher un emploi ?

14 - Quelles sont vos heures d'ouverture ?

ACTIVITÉ 5 • RECHERCHER DES PETITES ANNONCES ET LES DÉCODER

Durée

2 heures.

Objectifs

Étudier la presse locale.
Repérer des petites annonces concernant la filière Agent Polyvalent de Restauration (APR).
Décoder les abréviations.
Comprendre les petites annonces.

Déroulement

Distribuer la fiche « petites annonces : abréviations » (document 2, p. 17).
Étudier ce document.
Feuilleter les journaux, la presse au CDI.
Rechercher les petites annonces et découper celles susceptibles de correspondre aux acquis professionnels des élèves.
Décrypter ces petites annonces en classe après en avoir fait une photocopie pour chaque élève.

Bilan

Nous avons collecté six petites annonces susceptibles de correspondre aux acquis professionnels des élèves.

Élèves très attentifs pendant ce travail.

Activité complémentaire visant à mettre en valeur les qualités des élèves à partir de petites annonces : « Moi... et mes goûts - les petites annonces » (document 3, p. 19).

Document 2 • Petites annonces - abréviations

à part. de	à partir de
av.	avec
av.	avenue
avant. socx	avantages sociaux
ayt.	ayant
B.	bon
banl.	banlieue
bât.	bâtiment
CDD	contrat à durée déterminée
CDI	contrat à durée indéterminée
CE	comité d'entreprise
ch.	cherche
chant.	chantier
CN	commande numérique
cond.	conduire
conv.	convient
C.T.	certificat de travail
C.V.	curriculum vitae
D.E.	diplôme d'état
dur.	durée
Ecr.	écrire
emb.	embauche
emp. ou empl.	emploi
entr. ou Ent.	entreprise
évol.	évolution
exp. ou expér.	expérience
expérim.	expérimenté
gle	générale

h.	heures
h. repas	heures repas
H.	homme
habit.	habitant
HB	heures de bureau
Hor.	horaire
ht	haut
Imp.	important
ind. ou indisp.	indispensable
J.H.	jeune homme
Jal	journal
lib.	libéré
logt	logement
long.	longue
manut.	manutention
mécan.	mécanique
min.	minimum
not.	notions
OM	obligations militaires
perm.	permis
P.L.	poids lourds
P.M.E.	petite et moyenne entreprise
P.M.I.	petite et moyenne industrie
possib.	possible ou possibilité
pour.	pourvoir
pr.	pour
préfér.	préférence

Document 2 (suite)

proxim.	proximité
r.	rue
rech.	recherche
réf.	référence
rég.	région
RP	région parisienne
RD ou RDV	rendez-vous
Sach	sachant
s'adr. ou s'ad.	s'adresser
sal.	salaire
s/chant.	sur chantier
sect.	secteur
se pr. ou se prés.	se présenter
sér.	sérieuses
souh.	souhaité
s/place	sur place
s/réf.	sous références
stab.	stable
sté	société
tél.	téléphone ou téléphoner
T.P.	travaux publics
T.P.E.	très petite entreprise
Travx	travaux
T.T.	travail temporaire
T.T.X.	traitement de texte
ttes mains	toutes mains
urgt.	urgent
V.L.	véhicules légers
voit.	voiture
V.R.P.	voyageur représentant placier

Document 3 • Petites annonces : « moi et mes goûts »

d'après « Equipe élèves en difficultés
Sur le chemin de la négociation »,
Mafpen, CRDP Dijon, 1991.

Objectifs

- Faire prendre conscience que chacun a des compétences dont les autres peuvent bénéficier.
- Par le biais de ses propres compétences, on peut entrer en contact avec les autres.

Durée

10 à 15 minutes.

Matériel

- Papier – crayon – annonce vierge.

Déroulement

- Chacun rédige une petite annonce personnalisée dans laquelle il propose ses services pour accomplir une tâche, fournir une aide...
- Les annonces sont affichées par l'animateur (le prénom du rédacteur est mis au dos de l'annonce, non visible).

Exploitation

- Chaque participant va écrire sur les annonces le nom de l'auteur présumé.
- Comparaison avec l'auteur réel.
- Discussion.
- Possibilité de trouver parmi les annonceurs des « personnes ressources » pour de futurs projets collectifs.

NE RIEN INSCRIRE DANS CES CASES RESERVEES A NOS SERVICES.

CODE JOURNAL — RUBRIQUE — NUMERO(S) DE PARUTION

UNE SEULE PROPOSITION PAR GRILLE
1 lettre par case, 1 case entre chaque mot

1
2
3
4

ACTIVITÉ 6 • JE SAIS FAIRE

Durée

2 heures.

Objectifs

Faire le point sur les compétences professionnelles et extra-professionnelles de l'élève.
Enrichir son bilan personnel de compétences.
Travailler la cohésion du groupe.

Déroulement

Distribuer le document " l'héritage " (document 4, p. 23).
Lire ce document.
Expliquer les différentes étapes de travail.

Bilan

Bonne participation de l'ensemble des élèves. Nécessité de les guider, de leur donner des pistes.

Document 4 • L'héritage

Contenu

Adrien Desgrandchemins vient de décéder. Dans son testament, il lègue la totalité de ses biens au groupe, mais à une condition : que le groupe ne soit pas constitué d'incapables. Aussi, son notaire en veut la preuve. Pour cela, il demande que soit recensé ce que le groupe est capable de réaliser à partir des savoir-faire de chacun.

Consignes

Étape 1 Chaque participant fait la liste des tâches qu'il est capable de réaliser (activités professionnelles et extra professionnelles...).

Étape 2 A partir d'un tour de table, les savoir-faire du groupe sont recensés. Chacun complète sa propre liste en notant ce qu'il a oublié et ce dont il prend conscience en écoutant les autres participants.
L'animateur note au tableau. Un élève secrétaire recopie.

Étape 3 Dans cette liste, les participants retiennent ce qu'ils ont aimé faire ou aimeraient faire, en général, et peut-être même dans une activité professionnelle.
Traduire les tâches en compétences (savoir-faire et savoir-être).

D'après « 90 fiches pour trouver un emploi », Éditions d'Organisation.

ACTIVITÉ 7 • BILANS PERSONNEL ET PROFESSIONNEL

Durée

3 heures.

Objectifs

Mesurer les acquis professionnels après un an de formation.
Recenser des informations utiles pour préparer le CV, la lettre et l'entretien.
Partager avec le groupe son évolution personnelle.
Communiquer par écrit et oralement.

Déroulement

Distribuer les documents (document 5, p. 27).
Expliquer le travail à effectuer.
Les élèves ont 50 minutes pour compléter les documents.
Exploitation orale.
Distribuer le document (document 6, p. 32).
Les élèves se mettent par deux pour réaliser ce travail : chacun coche les cases qui le définissent, ensuite, ils échangent les documents : chacun coche pour l'autre.
Bilan des points forts et des points faibles.

Bilan

Difficultés pour les élèves de mettre en avant leurs qualités et leurs savoir-faire.

Les projets professionnels paraissent encore très flous.

Activité complémentaire : ce travail peut être le point de départ d'entretiens avec la conseillère d'orientation psychologue pour faire évoluer le projet professionnel de chaque élève.

Document 5 • Préparer le curriculum vitae, la lettre de motivation et l'entretien

Avant de m'engager dans ma recherche d'emploi, j'essaie de compléter et de cocher les cases correspondantes sur le document suivant.

À l'école, j'ai appris à :

MATHÉMATIQUES

- ❑ effectuer des opérations
- ❑ construire des représentations graphiques
- ❑ résoudre des équations
- ❑ réaliser des figures géométriques
- ❑ utiliser les unités de longueur, d'aire, d'angle
- ❑ utiliser la calculatrice
- ❑ autres : ....

SCIENCES

- ❑ réaliser et interpréter des expériences :
  - en électricité
  - en mécanique
  - en chimie

FRANÇAIS

- ❑ communiquer oralement : écouter et produire oralement des types de discours
- ❑ m'informer, me documenter : rechercher une information, la situer et organiser une documentation
- ❑ comprendre un message : m'approprier un message par la lecture
- ❑ réaliser un message en vue d'une communication différée
- ❑ apprécier un message ou une situation : à porter une appréciation personnelle et motivée

EN ENSEIGNEMENT PROFESSIONNEL THÉORIQUE

- ❑ indiquer et justifier les étapes d'une procédure de lavage des mains
- ❑ justifier le port d'une tenue professionnelle

Document 5 (suite)

- ❑ mettre en évidence les facteurs influençant le développement microbien
- ❑ énoncer les caractéristiques des TIAC (toxi-infection alimentaire collective) et des maladies infectieuses alimentaires
- ❑ indiquer les aliments sensibles aux TIAC
- ❑ justifier les conditions de conservation ou d'utilisation des denrées en restauration
- ❑ justifier le mode et la durée de stockage d'un aliment
- ❑ indiquer les précautions à prendre en matière d'entreposage des produits alimentaires
- ❑ justifier le prélèvement des plats témoins, de leur durée et des modalités de conservation
- ❑ identifier les risques de contamination des denrées et leurs origines
- ❑ justifier les mesures réglementaires de refroidissement rapide, de maintien en température, de remise en température
- ❑ justifier le principe de la marche en avant
- ❑ comparer différentes formes de commercialisation pour des produits alimentaires donnés (produits semi-élaborés)
- ❑ indiquer leurs avantages pour leur utilisation
- ❑ repérer les mentions obligatoires sur un emballage
- ❑ indiquer la composition nutritionnelle à partir d'étiquettes
- ❑ énoncer les rôles des principaux éléments minéraux, oligo-éléments et vitamines
- ❑ composer des menus
- ❑ justifier les modifications des besoins de l'organisme en fonction de l'activité, de l'âge…
- ❑ indiquer les principaux déséquilibres alimentaires et leurs effets à long terme sur la santé
- ❑ diversifier les produits d'entretien pour un usage donné
- ❑ choisir un produit adapté à une tâche

Document 5 (suite)

- ❑ indiquer les étapes de nettoyage des surfaces et des matériels et justifier le mode opératoire
- ❑ me repérer dans un organigramme
- ❑ identifier les éléments constitutifs de l'image de marque de l'entreprise
- ❑ indiquer les techniques de communication dans une situation professionnelle donnée
- ❑ indiquer l'objectif et l'importance de la signalisation pour le client et pour l'entreprise
- ❑ identifier des moments et lieux clefs de mise en place ou de changements d'affichage
- ❑ calculer le coût des matières à partir d'une fiche technique de fabrication
- ❑ indiquer les différentes parties des appareils ou outils utilisés
- ❑ mettre en relation des sources de pollution, des appareils de renouvellement de l'air et des comportements à adopter
- ❑ identifier les différents moyens utilisés pour améliorer l'acoustique des locaux

Dans l'entreprise, j'ai appris à :

- ❑ organiser et gérer mon poste de travail dans le respect des consignes données, de l'hygiène, de la réglementation, de la sécurité et de l'ergonomie.
- ❑ réceptionner et stocker des denrées et des plats cuisinés à l'avance
- ❑ préparer des denrées
- ❑ réaliser des cuissons
- ❑ réaliser par assemblage des mets
- ❑ conditionner en vue d'une distribution différée
- ❑ remettre en température des plats

Document 5 (suite)

- ❑ mettre en place des espaces de distribution et de vente
- ❑ assurer le service au client
- ❑ encaisser une prestation
- ❑ nettoyer et désinfecter les locaux, les matériels et les équipements
- ❑ contribuer au contrôle de la qualité (physique, visuel, microbiologique)
- ❑ autres : ....

  ....

  ....

  ....

Dans mes activités extrascolaires (sport, loisirs, activités bénévoles...)

J'ai appris à : ....

....

....

....

Je sais faire : ....

....

....

....

Mes centres d'intérêt

Qu'est-ce que j'aime faire qui pourrait être en relation avec mon activité professionnelle ?

....

....

....

....

Autres activités sans relation avec ma formation :

....

....

....

....

Le poste que je recherche

Ce que je veux faire :

❑ travailler en cuisine de collectivité

❑ travailler en pizzeria

❑ travailler en brasserie

❑ entretenir les locaux.

❑ travailler en cafétéria

❑ produire des repas

❑ distribuer des repas

❑ autres :..

où je préfère travailler :

❑ chez un artisan

❑ dans une petite entreprise

❑ dans une entreprise plutôt importante

❑ autres :..

Autres informations qui peuvent intéresser un employeur :

Mobilité : ....

Permis : ....

Autre : ....

Document 6 • Comment suis-je ?

Complétez le questionnaire ci-après en cochant les cases qui vous correspondent, puis demandez à votre voisin de répondre au questionnaire pour vous

	Comment je me vois	Comment les autres me voient
Aime prendre des initiatives	❑	❑
Calme	❑	❑
Consciencieux(euse)	❑	❑
Courageux(euse)	❑	❑
Débrouillard(e)	❑	❑
Discret(e)	❑	❑
Disponible	❑	❑
Dynamique	❑	❑
Efficace	❑	❑
Habile, adroit(e)	❑	❑
Imaginatif(ve)	❑	❑
Lent(e)	❑	❑
Manque de confiance en soi	❑	❑
Méthodique	❑	❑
Nerveux(euse)	❑	❑
Optimiste	❑	❑
Ordonné(e)	❑	❑
Patient(e)	❑	❑
Persévérant(e)	❑	❑
Poli(e)	❑	❑
Ponctuel(le)	❑	❑
Râleur(euse)	❑	❑
Rapide	❑	❑

Document 6 (suite)

Réfléchi(e)	❑	❑
Résistant(e)	❑	❑
Se décourage vite	❑	❑
Soigné(e)	❑	❑
Soigneux(euse)	❑	❑
Souriant(e)	❑	❑
Spontané(e)	❑	❑
Sympathique	❑	❑
Timide	❑	❑
Volontaire	❑	❑

Quels sont tes points forts ?..

....

Quels sont tes points faibles ? ....

....

D'après RVP Rennes

LP Joliot Curie Rennes

ACTIVITÉ 8 • ÉLABORER SON CV

Durée

2 heures en classe et travail personnel à la maison.

Objectifs

Critiquer et reformuler un CV.
Bien se connaître pour bien se présenter.
Rédiger son CV en respectant les consignes.

Déroulement

Distribuer des CV à critiquer (document 7, p. 37).
Identifier les différentes rubriques constitutives d'un CV.
Modifier le CV en commun.
Distribuer les documents " Le CV " (document 8, p. 40).
Étudier ce document avec la classe.
Rédiger son propre CV (travail réalisé à la maison), à partir des documents 5 et 6.
En binôme, échanger les CV réalisés et les observer.

Bilan

Élèves peu intéressés par cette activité qui peut leur paraître encore trop abstraite.

Activité complémentaire : faire intervenir des personnels d'agences d'intérim.

Document 7 • CV à critiquer

Travail demandé : critiquer et reformuler le CV ci-dessous

Katia LORENT
6 rue des Acacias
37700 St Pierre des Corps
Née le 20.02.84 à Loches

FORMATION

2003/2002 : 2ème année CAP Vente au Lycée Professionnel Victor Laloux à Tours.

EXPÉRIENCE PROFESSIONNELLE

2002 : 15 jours vendeuse de prêt-à-porter enfants « Clémentine » St Avertin.
- Vente
- Réception des colis
- Mise en rayon

2001/2002 : 8 semaines : Stage de vente de prêt-à-porter, New Fashion, Tours.
- Vente
- Accueil de la clientèle
- Réception des colis
- Mise des vêtements sur cintres et en rayon
- Surveillance du magasin

2001 : Stage de vente de prêt-à-porter, Cola, Joué les Tours.
- Accueil de la clientèle
- Réception des colis
- Mise des vêtements sur cintres et en rayon
- Surveillance du magasin

2000 : Contrat de qualification de vente de prêt-à-porter, Cassandra, Tours.
- Accueil de la clientèle
- Mise en rayon
- Réception des colis
- Inventaire
- Initiation à la caisse

DIVERS
- Aime écouter de la musique
- Aime écrire

Ajouter l'âge, pour faciliter le travail du recruteur…

Ajouter une photo

Préciser tous les diplômes qui peuvent intéresser le recruteur.

Katia LORENT
6 rue des Acacias
37700 St Pierre des Corps
Née le 20.02.84 à Loches

FORMATION

2003/2002 : 2ème année CAP Vente au Lycée Professionnel Victor Laloux à Tours.

Éviter l'utilisation des caractères à la fois gras et soulignés

EXPÉRIENCE PROFESSIONNELLE

Faire ressortir l'emploi principal

2002 : 15 jours vendeuse de prêt-à-porter enfants « Clémentine » St Avertin.
- Vente
- Réception des colis
- Mise en rayon

2001/2002 : 8 semaines : Stage de vente de prêt-à-porter, New Fashion, Tours.
- Vente
- Accueil de la clientèle
- Réception des colis
- Mise des vêtements sur cintres et en rayon
- Surveillance du magasin

Regrouper toutes les activités semblables, ne pas les reprendre poste par poste

2001 : Stage de vente de prêt-à-porter, Cola, Joué les Tours.
- Accueil de la clientèle
- Réception des colis
- Mise des vêtements sur cintres et en rayon
- Surveillance du magasin

2000 : Contrat de qualification de vente de prêt-à-porter, Cassandra, Tours.
- Accueil de la clientèle
- Mise en rayon
- Réception des colis
- Inventaire
- Initiation à la caisse

Éviter tous les tirets !

Intitulé trop "fourre-tout"

DIVERS
- Aime écouter de la musique
- Aime écrire

Vous pouvez donner des précisions

Katia LORENT
6 rue des Acacias
37700 St Pierre des Corps
Tél. 02.47…
06...
Née le 20.02.84 à Loches – 19 ans

PHOTO

FORMATION

2002/2003 2ème année CAP Vente
Lycée professionnel Victor Laloux, Tours.

2001 CFG (Certificat de Formation Générale)

EXPÉRIENCE PROFESSIONNELLE

Vendeuse prêt-à-porter

Été 2002 15 jours prêt-à-porter enfants
"Clémentine" St Avertin.

2001/2002 8 semaines prêt-à-porter femme
"New Fashion" Tours.

2001 3 semaines prêt-à-porter femme
"Cola" Joué les Tours.

2000 3 mois contrat de qualification
"Cassandra" Tours.

Activités

Vente
Accueil clientèle
Réception des colis
Mise sur cintres
Mise en rayon
Surveillance du magasin
Inventaire
Initiation à l'encaissement

CENTRES D'INTÉRÊT

J'aime écouter de la musique (zouk, reggae) et écrire.

LE CV EST VOTRE IMAGE

80 à 90 % des candidatures sont sélectionnées sur la base du CV.

Ses deux objectifs sont :
- donner envie de vous rencontrer,
- préparer l'entretien futur.

QUALITÉS D'UN BON CV

- Clair, agréable à lire, avec une présentation classique.
- Synthétique, une page suffit : chercher à éliminer tous les éléments inutiles.
- Ne pas essayer de tout dire ; les différents points abordés dans votre CV seront repris et développés pendant l'entretien.

CONSEILS

- Ne mentez jamais.
- Veillez à ce qu'il n'y ait pas de « trous » dans la chronologie du CV.
- Avant d'ajouter un élément, posez-vous cette question : cette précision est-elle un plus pour convaincre l'employeur de me sélectionner ?

MISE EN PAGE

- Page blanche. Format 21 x 29.7 cm.
- Dactylographier sur traitement de texte (attention à l'orthographe !).
- Laisser une marge à gauche.
- Les paragraphes doivent être espacés et les titres mis en valeur.
- Le CV ne doit être ni daté, ni signé.
- Ne pas titrer : « CURRICULUM VITAE ».

Document 8

CONTENU

1. Identité

En haut à gauche :
Ne pas noter « identité : » ou « nom : ».
Indiquer directement les informations suivantes

Nom, prénom
Adresse
Téléphone (fixe et/ou mobile)
Adresse électronique
Âge
Situation militaire
Nationalité (facultatif)

2. Photo

Collez la en haut à droite.

3. Accroche

Elle renseigne sur le poste recherché (ex. : vendeur, infirmière D.E.,...).

4. Formation

Préciser d'abord le dernier diplôme scolaire obtenu puis les diplômes précédents en rapport avec le poste recherché. Indiquer l'année d'obtention et les options éventuelles.

5. Expérience professionnelle et stages

Les mentionner par ordre chronologique décroissant ou du plus significatif - par rapport au poste recherché - à ce qui l'est moins.

Préciser le nom de l'entreprise, son activité principale, le service, le descriptif du poste et les tâches effectuées (en quelques points), la date et la durée de l'activité.

Si vous n'avez pas eu encore d'emploi, décrivez vos stages ou "jobs" d'été de la même façon.

6. Connaissances diverses

- Langues étrangères (courant, lu, écrit, parlé, notions...)
- Connaissances informatiques (logiciels maîtrisés)

- Diplômes ou formations sans rapport direct avec le poste (BAFA, BNS...)
- Permis de conduire (précisez lequel)

7. Centres d'intérêt

Indiquer vos activités culturelles, sportives, associatives...

Se demander à chaque fois si ces activités sont un « plus » pour votre candidature.

Éviter de mentionner des activités politiques, syndicales, religieuses...

ACTIVITÉ 9 • RÉALISER UNE LETTRE DE MOTIVATION

Durée

1 heure en classe et travail personnel à la maison.

Objectifs

S'exprimer, communiquer par écrit clairement.
Analyser un document et le critiquer.
Cerner l'essentiel du message.

Déroulement

Distribuer une petite annonce.
Énoncer la consigne : vous êtes titulaire du CAP Agent Polyvalent de Restauration et vous souhaitez postuler pour le poste proposé. Vous disposez de 30 minutes maximum pour rédiger une lettre de motivation.
Choisir quelques lettres intéressantes pour leurs qualités, leurs défauts ; les faire recopier sur transparent et les projeter pour les analyser avec l'ensemble de la classe (fond et forme).
Chaque remarque a été notée, par le professeur, sur le tableau.
Faire des annotations pour dégager des points communs incontournables et définir les éléments nécessaires à une lettre de candidature.
Distribuer la maquette d'une lettre avec les rubriques à compléter (document 9, p. 44).
Faire compléter le document par les élèves à l'aide de leur propre expérience.

Bilan

Bonne participation des élèves. Une partie du travail a été réalisée à la maison.

Quelques principes sur la lettre de motivation :

- claire sur les raisons de la candidature,
- ne répète pas le CV mais aide à le lire,
- souligne les points forts du candidat (études, expérience professionnelle, compétences personnelles) en lien avec le stage (l'emploi) recherché,
- met en avant ce que le candidat peut apporter à l'entreprise.

Présentation de la lettre

Identification
du candidat

Lieu, Date

Destinataire
....
....

Objet :

Madame, Monsieur,
....
....
....
....

....
....
....

Formule de politesse

Signature

- Une page, pas plus
- Papier blanc, sans lignes
- Format 21 x 29,7 cm
- Manuscrite (sauf si candidature transmise par Internet)
- Encre noire ou bleu marine
- Pas de tache, pas de rature, pas de faute de français ou d'orthographe (faire relire le document)
- Éviter les répétitions, les expressions négatives qui évoquent des difficultés personnelles
- Marge de 3 cm minimum à gauche et environ 2 cm à droite
- Aligner date, destinataire et signature à droite
- Envoyer l'original, jamais de photocopie
- Laisser un espace entre les paragraphes
- Développer une idée par paragraphe
- Faire des phrases courtes

CONTENU

La lettre de motivation comporte 3 parties :

- **une introduction**
  Dans cette partie, on peut suivant le cas parler de l'entreprise (de ce qu'on connaît d'elle : taille, situation géographique, secteur d'activité, production... ; de ses besoins (en personnel, matériel...) ou mentionner une personne qu'on connaît dans l'entreprise, une période de stage.

- **un développement**
  Il est destiné à mettre en valeur deux ou trois atouts du candidat : sa motivation (intérêt, passion pour un domaine, une activité...) ; ses compétences, ce qu'il peut apporter à l'entreprise (formation spécialisée, savoir-faire particulier, qualités) ; sa connaissance d'un produit, d'une méthode...
- **une conclusion**
  Cette partie peut être rédigée en deux paragraphes ; elle comporte une proposition de rendez-vous pour entretien et une formule de politesse.

Construction de la lettre

- **introduction**

L'entreprise	références à l'annonce, aux besoins exprimés connaissance du secteur d'activité mention d'un intermédiaire (employé de l'entreprise...) mention d'un contact (forum, salon, exposition...) référence à une période de stage

- **développement**

Le candidat	motivation	pour le secteur d'activité pour la profession pour l'emploi proposé
	apports	formation de base formation complémentaire spécialisée autres formations expérience professionnelle expérience acquise en stage
	personnalité	(points forts, activités extra professionnelles) compétences, savoir-faire particuliers...

- **conclusion**

Ce que nous pouvons faire ensemble	conclusion	demande de rendez-vous formule de politesse

ACTIVITÉ 10 • PRÉPARER UN ENTRETIEN

Durée

3 heures.

Objectifs

Communiquer oralement.
Savoir se présenter.
Préparer un entretien d'embauche.
Présenter sa motivation, son expérience.

Déroulement

Exploiter le document : "entretien" (doc. 10, p. 49).
Préparer un dialogue en vue d'un jeu de rôle.
Faire corriger ce dialogue par la classe et le professeur.
Jeu de rôle, enregistré au caméscope avec l'aide d'un aide-éducateur ou d'un assistant d'éducation (les élèves peuvent refuser d'être filmés).
Visionner l'enregistrement.
Analyser – corriger.
Enregistrer à nouveau en tenant compte des observations faites.
Évaluer à l'aide d'une grille (document 11, p. 50).
Corriger l'évaluation.
Faire une synthèse (remarques par rapport aux consignes).

Bilan

Élèves intéressés.

Participation active.

Difficulté pour les élèves d'accepter leur image.

Comme lors de l'utilisation du magnétophone, les élèves éprouvent d'abord de l'appréhension puis se laissent prendre au jeu en voyant les premiers groupes se filmer.

Seule une élève a refusé cette activité. Elle a observé ses camarades.

Remarque : apprendre d'abord à utiliser le caméscope pour se familiariser avec l'outil et accepter ainsi plus facilement d'analyser son image.

Document 10 • Entretien

Préparation

- S'informer sur l'entreprise : revues, centre documentaire de la chambre de commerce et de l'industrie, sites Internet (ex : qui fait quoi ?...).
- Localiser l'entreprise sur un plan ; évaluer le temps de parcours (bus, auto, mobylette) pour s'y rendre.
- Rassembler les documents utiles : double du CV et de la lettre envoyée à l'entreprise, rapport de stage, programme de formation...
- Prévoir un bloc-notes, un stylo.
- Réfléchir aux questions qui peuvent être posées.
- Récapituler les points forts et les points faibles par rapport à l'emploi.
- Se préparer mentalement à l'entretien.
- Choisir une tenue appropriée.

Déroulement

- Arriver 5 minutes avant le rendez-vous.
- Dès son arrivée, décliner son identité.
- Pas de chewing-gum.
- Soigner le premier contact : poignée de main, sourire, courtoisie...
- Ne pas s'asseoir sans y être invité.
- Surveiller sa tenue.
- Regarder l'interlocuteur dans les yeux.
- Écouter les questions.
- Ne pas couper la parole de l'interlocuteur.
- Ne pas répondre uniquement pas oui ou par non ; développer des arguments.
- Mettre ses qualités en avant.
- Parler de son expérience : stages, petits boulots, loisirs...
- Ne pas parler trop vite.
- Poser des questions : poste, tâches à accomplir, matériel à utiliser, futurs collègues...
- Montrer de l'intérêt pour le poste.
- Demander, avant la fin de l'entretien, dans quels délais l'entreprise communiquera sa décision.
- Soigner sa sortie : la dernière impression est très importante.

Bilan

Que l'entretien ait abouti ou non, l'expérience doit être profitable pour la suite.

- Noter le nom de la personne qui vous a reçu(e).
- Noter la date de l'entretien.
- Noter les points positifs (ce qui s'est bien passé) et les points négatifs (ce qui a gêné).
- Noter ce que vous avez oublié.

Document 11 • Évaluation de l'entretien

Prise de contact					
maladroite	❑	moyenne	❑	bonne	❑
Ton					
plutôt sec	❑	peu agréable	❑	agréable	❑
Rythme					
trop rapide	❑	trop lent	❑	satisfaisant	❑
Articulation					
insuffisante	❑	exagérée	❑	bonne	❑
Explications					
confuses	❑	insuffisantes	❑	correctes	❑
Arguments					
Pas de présentation	❑	présentation insuffisante	❑	bonne présentation	❑
Réponses aux objections					
très maladroites	❑	maladroites	❑	bonnes	❑
Organisation du message					
inexistante	❑	moyenne	❑	bonne	❑
Qualités d'écoute					
distraction	❑	assez satisfaisant	❑	bien	❑
Prise de congé					
inexistante	❑	à améliorer	❑	bonne	❑

Impression d'ensemble : ....

....

....

Points satisfaisants : ....

....

....

Points à travailler : ....

....

....

D'après un document de l'EREA d'Amilly

ACTIVITÉ 11 • PRENDRE CONTACT AVEC UNE ENTREPRISE PAR TÉLÉPHONE

Durée

3 heures.

Objectifs

Utiliser le téléphone pour prendre contact avec une entreprise.
Utiliser le téléphone pour prendre rendez-vous avec une entreprise et obtenir un entretien.
Se présenter correctement à l'oral.

Déroulement

Choisir une petite annonce (document 12, p. 53).
Préparer un dialogue pour faire un jeu de rôle par deux.
Enregistrer le dialogue au magnétophone.
Critiquer et corriger.
Rédiger le déroulement du dialogue.
Travailler par groupes de deux élèves sur les dialogues.
Chaque binôme joue devant la classe qui évalue à l'aide d'une grille d'observation (document 11, p. 50) et apporte des corrections.
Nouvel enregistrement.
Corriger.
Distribuer une fiche synthèse " utiliser le téléphone " (document 13, p. 54).

Bilan

Élèves intéressés.

Participation active.

Au début, certains élèves ont éprouvé des difficultés pour se faire enregistrer (peur de bégayer, de s'entendre).

Un élève a refusé ce travail.

Document 12 • Préparer un entretien téléphonique

Consignes
Parmi les trois offres d'emploi ci-dessous, choisir celle qui vous convient le mieux.
Téléphoner pour prendre rendez-vous.

Cuisine Centrale
ZA du Patis à Rambouillet
dans le cadre
de son développement
recrute
UN CUISINIER
CDI
Temps de travail :
du lundi au vendredi
repos le week-end
Formation HACCP assurée,
YVELINES RESTAURATION
✆ 01.34... pour RDV

Pour assurer son développement
E.G.O.
Entreprise Générale de l'Ouest
depuis 1979
recherche
OUVRIER
COMPAGNON MAÇON
ou PETIT COMPAGNON
MAÇON
Chantiers
dans la maison individuelle
Département 28/78/91
Tél....

offres emploi

RESTAURANT PIZZERIA
Chartres, recherche SERVEUR
SERVEUSE, débutant accepté. -
Tél. 02 37... pour rendez-vous.
0299089741

L'Echo, 24 mai 2002.

Document 13 • Utiliser le téléphone

Souvent un passage obligé dans la recherche d'emploi, le téléphone peut rendre de grands services, mais peut aussi desservir s'il est mal utilisé.

Objectif : téléphoner correctement pour obtenir un rendez-vous dans le cadre d'une recherche d'emploi.

L'entretien téléphonique se prépare.
A qui s'adresse-t-on ?
Quel est mon objectif ?
Suis-je prêt(e) à m'adapter à toutes les situations ?

Exemple	**Déroulement – Conseils**
Proposer un exemple de conversation téléphonique (suite à une annonce).	L'appel doit être court et clair. Attendre d'être écouté. Se présenter rapidement. Trouver l'interlocuteur adéquat. Exposer rapidement et succinctement l'objet de son appel. Saluer l'interlocuteur. Attention ! Ne pas parler trop vite. Surveiller son langage. Être attentif. Garder à sa portée CV, lettre de motivation et de quoi écrire (papier, stylo). Sourire au téléphone. S'installer au calme, être disponible. Bien conclure.

L'appel sera réussi si un courrier est demandé et surtout si un rendez-vous est obtenu.

ACTIVITÉ 12 • SAVOIR SE PRÉSENTER

Durée

2 heures dans un salon de beauté.

Objectifs

Apprendre à se maquiller.
Apprendre à se mettre en valeur.

Déroulement

L'esthéticienne fait une démonstration : elle maquille une élève en donnant des conseils et en faisant réfléchir sur le choix des couleurs. Elle insiste sur les gestes et les techniques.
Par deux, les élèves se maquillent en tenant compte des conseils.
Elles sont guidées par l'esthéticienne.
Chaque élève complète une fiche avec les produits utilisés (document 14, p. 57).

Remarque
Dans le cadre d'une classe mixte, pour les garçons, envisager une activité légèrement différente où la conseillère mettrait l'accent sur les soins à porter au visage (rasage, coiffure...).

Bilan

Les élèves sont très intéressées.

Elles participent avec enthousiasme.

Activité complémentaire : faire appel à un cabinet conseil sur l'image.
Exemple d'activités réalisées au LP F. DOLTO – OLIVET avec une classe de CAP vente (document 15, p. 58).

Document 14 • Prescription maquillage

Nom : ....

Prénom : ....

Adresse : ....

....

PRÉPARATION DU TEINT
Crème de jour : ....

LE TEINT
Correcteur : ....
Fond de teint : ....
Poudre : ....
Joues : ....

LES YEUX
Crayon à sourcils : ....
Ligne des cils : ....
Ombres à paupières : ....
Cils : ....

LES LÈVRES
Crayon contour des lèvres : ....
Rouge à lèvres : ....
Brillant : ....

LES ONGLES
Base : ....
Vernis : ....

Document 15 • Communiquer par son image

Première demi-journée	La communication par l'image dans les entreprises. Que dit votre image ? Quel est votre message ? Définir les attentes des entreprises. Conseils pour faire bonne impression lors de l'entretien professionnel. Que dit votre corps ? Le savoir-vivre dans l'entreprise.
Deuxième demi-journée	Estime de Soi et apparence. Estime de Soi et image de Soi. S'accepter et accepter son unicité. Croire en Soi et évaluer son degré de confiance personnelle. Mettre en valeur ses atouts. Influence de la mode (diktats physiques, vestimentaires...).
Troisième demi-journée	La garde-robe professionnelle. Les codes et les attentes des entreprises. Trouver la tenue idéale par rapport à son projet professionnel. Comment la construire ? Bien acheter : mode d'emploi. Conseils : les impairs à ne pas commettre !
Quatrième demi-journée	Allure et présentation lors d'un entretien d'embauche. Préparer son entretien. Séance vidéo (jeux de rôles et mises en situation). Révision et mise en application des quatre dernières séances.
Cinquième demi-journée	Des couleurs, un style. Le langage des couleurs et leur impact. Les accords de couleurs. Quelles sont vos "bonnes" couleurs ? Test personnalisé des couleurs.

Quelle est votre saison ?
Quel est votre style ? (test).
Les astuces vestimentaires selon les différentes silhouettes.

Activités proposées par le cabinet "Affaire d'image" au LP F. Dolto - novembre 2001.

ACTIVITÉ 13 • ORGANISER SES RECHERCHES

Durée

1 heure.

Objectifs

Donner des pistes pour réaliser une recherche efficace.
Garder des traces de la recherche.

Déroulement

Distribuer deux tableaux (documents 16, p. 63 et 17, p. 64), qui aideront les élèves de la classe à organiser leurs recherches d'emploi.
Donner des explications pour les remplir.
Apporter des informations sur l'intérim.
Distribuer le document " adresses utiles " (document 18, p. 65).
Faire compléter ce document en utilisant l'annuaire téléphonique et les données déjà recueillies.

Bilan

Les élèves pensent que ces documents vont leur être utiles pour réaliser une recherche de travail efficace.

Document 16 • Suivi de candidature en réponse à une offre

Date d'envoi de la candidature	Références de l'annonce (nom du journal, date…)	Poste proposé / entreprise	Date de la relance	Réponse de l'entreprise	Date de l'entretien	Observations

Document 17 • Suivi des candidatures spontanées

Date d'envoi de la candidature	Poste	Entreprise/ adresse	Appels téléphoniques (dates)	Réponse de l'entreprise	Date de l'entretien	Observations

Document 18 • Les bonnes adresses

CIO (Centre d'information et d'orientation)
Adresse : ....
....
Téléphone : ....

ANPE (Agence nationale pour l'emploi)
Adresse : ....
....
Téléphone : ....

MGI (Mission Générale d'Insertion)
Adresse : ....
....
Téléphone : ....

Lycée professionnel
Adresse : ....
....
Téléphone : ....

Chambre de commerce et d'industrie
Adresse : ....
....
Téléphone : ....

PIJ (Point info jeunes)
Adresse : ....
....
Téléphone : ....

Chambre des métiers
Adresse : ....
....
Téléphone : ....

Chambre d'agriculture
Adresse : ....
....
Téléphone : ....

Mission locale ou PAIO (Permanence d'accueil d'information et d'orientation)
Adresse : ....
....
Téléphone : ....

Mairie - service emploi ou Maison de l'emploi
Adresse : ....
....
Téléphone : ....

ACTIVITÉ 14 • BILAN-ÉVALUATION

Durée

2 heures.

Objectifs

Faire un bilan des activités « heure de vie de classe » aussi bien sous l'angle de l'ambiance de classe que sous celui de l'avancée du projet de chaque élève.

Déroulement

Chaque élève reçoit une liste d'affirmations à compléter (document 19, p. 69).
Chacun doit formuler une nouvelle phrase.
Le professeur recense toutes les propositions au tableau pour une reformulation en commun.
Distribuer la liste de propositions définitives.
Chaque élève classe ces phrases par ordre de préférence.

Bilan

Le projet professionnel de chaque élève s'est affirmé. Les élèves ont acquis une confiance suffisante pour faire des démarches individuelles de recherche d'emploi.

Document 19 • Bilan

Liste d'affirmations à compléter

- ❑ A1 Je me sens bien dans cette classe.
- ❑ A2 J'ai l'impression d'être efficace dans cette classe.
- ❑ A3 J'ai le sentiment d'être aidé par les autres élèves.
- ❑ A4 J'ai l'impression de mieux connaître les élèves de cette classe.
- ❑ A5 Le travail entrepris en terminale CAP pendant l'heure de vie de classe suscite en moi un désir de recherche.
- ❑ A6 D'une manière générale, grâce à ce travail de groupe, je me sens plus à l'aise pour effectuer des démarches professionnelles.
- ❑ A7 À mes yeux, le travail en heure de vie de classe favorise une meilleure ambiance.
- ❑ A8 ....

  ....

BIBLIOGRAPHIE

- BAPTISTE Alain ; BELISLE Claire. *Dossiers photolangage*. Paris : Les Editions d'Organisation, 1961. 60 p.
- DE PERETTI André ; BONIFACE Jean ; LEGRAND Jean-André. *Techniques pour communiquer*. Paris : Hachette Education, 1994. 410 p.
- DE PERETTI André ; BONIFACE Jean ; LEGRAND Jean-André. *Encyclopédie de l'évaluation en formation et en éducation*. Paris : ESF, 1998. 556 p.
- *Education pour l'emploi : démarches et outils pédagogiques à l'usage de l'équipe éducative.* Poitiers : SAIO de Poitiers ; CRDP Poitou-Charentes, 1992. 178 p.
- Equipe Rénovation de la voie professionnelle. *L'heure de vie de classe en lycée professionnel* – tome I. Orléans : CRDP de l'académie d'Orléans-Tours, 2001. 77 p.
- Ministère de l'Education nationale. Recueil d'actions expérimentées dans le cadre de la mission générale d'insertion par les équipes ressources académiques « Rénovation de la voie professionnelle ». Paris : Direction des lycées et collèges, 1997. 94 p.
- *MOTUS, des images pour le dire*. Lyon : Chronique Sociale, 1999. Jeu éducatif.
- PAPILLON Xavier ; GROSSON Gilles. *Heures de vie de classe – concevoir et animer*. Lyon : Chronique Sociale, 2001. 180 p.
- PHILIBERT Christian ; WIEL Gérard. *Accompagner l'adolescence*. Lyon : Chronique Sociale, 1995. 218 p.
- PHILIBERT Christian ; WIEL Gérard. *Faire de la classe un lieu de vie*. Lyon : Chronique Sociale, 1997. 143 p.
- Stages en entreprise, guide méthodologique. Versailles : ONISEP, 1999. 104 p.
- STAQUET Christian. *Accueillir les élèves*. Lyon : Chronique Sociale, 1999. 190 p.
- VERTADIER Alain. *90 fiches pour trouver un emploi*. Paris : Les Editions d'Organisation, 1985. 272 p.
- WIEL Gérard. *Vivre le lycée professionnel comme un nouveau départ*. Lyon : Chronique Sociale, 1992. 186 p.
- WIEL Gérard. *Sortir du mal-être scolaire*. Lyon : Chronique Sociale, 2000. 132 p.

- Heure de vie de classe. Bulletin RVP Infos, 08-11-1999, n° 8. Accessible en ligne. <http://www.ac-orleans-tours.fr/rectorat/documentation/files/professionnel/rvp08.pdf> [Consulté le 16-12-2003].

- La vie de classe. *Cahiers Pédagogiques*, juin 2000, n° 385, p.56-60.

- *Cahiers Pédagogiques*, avril 2001, n°393.

Textes officiels

- Réforme des lycées : classes de seconde générale et technologique - rentrée 1999. Bulletin Officiel de l'Education nationale, 27-05-1999, n° 21. p. 1020-1025. Accessible en ligne. <http://www.education.gouv.fr/botexte/bo990527/MENE9901089N.htm>. [Consulté le 16-12-2003].

- Le collège des années 2000. La mutation des collèges : un collège pour tous et pour chacun. Bulletin Officiel de l'Education nationale, 10-06-1999, suppl. au n° 23. Accessible en ligne. <http://www.education.gouv.fr/bo/1999/sup23/default.htm>. [Consulté le 16-12-2003].

- Rentrée 2000 dans les écoles, collèges et lycées d'enseignement général et technologique. Bulletin Officiel de l'Education nationale, 20-01-2000, n° 3, p.117-143. Accessible en ligne. <ftp://trf.education.gouv.fr/pub/edutel/bo/2000/3/rentree.pdf>. [Consulté le 16-12-2003].

- Préparation de la rentrée 2001 en lycée professionnel. Bulletin Officiel de l'Education nationale, 07-06-2001, n° 23, p.1185-1197. Accessible en ligne. <http://www.education.gouv.fr/botexte/bo010607/MENE0101214C.htm>. [Consulté le 16-12-2003].

- Préparation de la rentrée 2002. Bulletin Officiel de l'Education nationale, 18-04-2002, n° 16, p.I-LIX. Accessible en ligne. <http://www.education.gouv.fr/bo/2002/16/default.htm>. [Consulté le 16-12-2003].

Achevé d'imprimer au Scérén-CRDP de l'académie d'Orléans-Tours
55, rue Notre-Dame de Recouvrance 45000 Orléans
(n° 153/2003 - 24/11/03)

Janvier 2004